AF482825

DESCRIPTION
DV BALLET DE
MADAME SOEVR
AISNEE DV
Roy.

A LYON,

Pour FRANÇOIS YVRAD, Prins
fur la copie imprimée à Paris, auec
Priuilege du Roy.

M. DC. XV.

AVEC PERMISSION.

DESCRIPTION
DV BALLET DE
MADAME SOEVR
aiſnée du Roy.

A couſtume inueterée entre les Princes de la Chreſtienté d'accompagner les Iours gras de quelques reſiouïſſances publiques, & d'obliger leurs peuples par des diuertiſſemens aggreables, s'eſtant par bon-heur rencontrée auec les contentemens que le Roy receuoit de l'heureuſe entrée de ſa majorité, de la reünion de ſes Princes, & de la paiſible, & quaſi ineſperee tranquillité que les Eſtats generaux ont cõfirmee à tout l'Eſtat, par l'admirable conduitte de la Royne mere du Roy ; Et s'il faut encore adjouſter quelque choſe à ces raiſons, vn reſſentiment maternel n'ayant peu permettte à la Royne, que Madame ſortiſt de France, pour accomplir les alliances promiſes, qu'elle ne luy donnaſt quelque ſignalé contentement auant ſon deſpart, & à tous les François enſemble, quelque obli-

A 2   gation

gatiõ particuliere en la veuë de ceſte Prin-
ceſſe : Tout cela joinct enſemble fit que
leurs Majeſtez prirent reſolution de faire
danſer vn Ballet à madite Dame, dont la
ſomptuoſité accompagnant les inuentions
non ſeulement ſurpaſſat ce qui s'eſtoit faict
par le paſſé en ſemblables effects; mais oſtat
encore à l'aduenir l'eſperance de rien faire
de meſme. Pour paruenir à ce deſſein, leurs
Majeſtez enuoyerent querir ceux en qui la
reputation faiſoit le plus croire de ſuffiſan-
ce ; auſquels elles commanderent diffe-
remment de trouuer quelque ſuject digne
de leur choix, & de la grandeur des perſon-
nes qui s'en vouloiẽt ſeruir. Apres pluſieurs
comparaiſons des vns aux autres, & ne ſça-
chant quaſi auquel s'arreſter pour la beauté
de tous ; En fin la Royne ſe reſolut de prendre celuy que propoſoit le Sr. Durand Con-
trolleur Prouincial des guerres, comme le
plus haut, moins embrouillé, & ſe rapportât
le plus à la cõdition & qualité de Madame,
qu'il faiſoit eſtre vne Minerue, & tout le
Ballet, vn triomphe qu'elle faiſoit d'auoir
captiué le Prince d'Eſpagne, à qui elle eſtoit
promiſe par les accords paſſes entre les deux
Roys : Sa Majeſté, dy-ie, enuoya querir le
Seigneur Francine ingenieur ordinaire du
Roy,

Roy, & superintendāt de ses fontaines, pour
auoir son aduis sur les machines proposees,
comme estant celuy à qui toute la France
doit ceder ceste gloire de sçauoir mieux in-
uēter & parfaire telles choses, qu'autre per-
sonne qu'elle nourrisse. Ledit Frācine trou-
ua vne si grande facilité à executer ce que
ledit Durand proposoit, que laissant toute
autre resolution à part, sa Majesté comman-
dà à tous deux de communiquer ensemble,
d'embellir encore, s'il se pouuoit, le sujet
proposé, & de faire d'vn accord que toute
l'action reüssist à la gloire de la France, & au
contentement de leurs Majestez. Durand
print la charge de tout ce qui regardoit les
personnes & les danses seruant au Ballet, &
Francine de toutes les machines & mouue-
mens necessaires. Et parce que la quantité
des vers qu'il falloit au Ballet, & le peu de
temps qui se pouuoit donner à leur compo-
sition, sembloit ne pouuoir pas permettre à
vn homme seul d'en venir à bout, sa Majesté
enuoya querir le Sr. Malherbe, comme celuy à qui les plus beaux esprits de la France
deferent, pour le faire communiquer auec
ledit Durand, prendre l'ordre du Ballet de
luy, & trauailler ensemble aux vers qu'il y
faudroit reciter. Francine d'autre costé de-

firant faire voir à leurs Majeſtez qu'il ne
promettoit rien qu'il n'executaſt facilemét,
fit vn petit modelle de toutes les machines,
reduiſant la toiſe au pied, & luy ſucceda ceſte action ſi heureuſement, que la Royne
voyant tant d'artifice, & tant de gentilleſſe
enſemble, comméça à croire que la France
ne cedoit à pas vne Prouince en inuention
quand ſes Roys faiſoient eſtat des inuen-
teurs. C'eſt en la veuë de ce modelle que ſa
Majeſté confirma la volonté qu'elle auoit
priſe : & dés ce temps là, commanda auſdits
Francine & Durãd de n'oublier & n'eſpar-
gner rien, pour rédre le Ballet auſſi magni-
fique qu'il eſtoit promis. De ce temps encore fut commencé à trauailler, iuſques à ce
qu'il fuſt repreſenté le Ieudy 19. iour de
Mars 1615. en la grande ſalle de Bourbon,
ſelon l'ordre qui ſuit.

Ladite ſalle eſt de dixhuict toiſes de lon-
gueur ſur huict de largeur : au haut bout de
laquelle il y a encore vn demy rond de ſept
toiſes de profond ſur huict toiſes & demie
de large, le tout en voute ſemee de fleurs de
lys. Le pourtour de ladite ſalle eſt orné de
colonnes auec leurs baſes, chapiteaux, archi-
traues, frizes & corniches d'ordre Dorique,
& entre icelles corniches des arcades & ni-

ches:

ches : ladite corniche eſt ſouſtenuë de conſoles portans vn Coridor tournovant au pourtour de ladite ſalle, au deſſus duquel y a encore vn autre Coridor porté ſur encorbellemens. En tout le pourtour de ladite ſalle y auoit douze cens flambeaux de cire blanche portez par conſolles & bras d'argent, qui rendoient vne telle clarté dans ladite ſalle que ceux qui y eſtoient entrez dés le iour pour voir le Ballet, croyoient qu'il ne fuſt point encore finy, bien qu'ils euſſent quaſi paſſé la nuiét entiere. Et ſur le parterre de ladite ſalle y auoit des tapys de Turquie, ſur leſquels le Ballet fut dancé : & de ceſte ſorte il ne ſe voyoit dans ladite ſalle que riches peintures, ſculptures ou tapiſſeries.

En l'vn des bouts de ladite ſalle directement oppoſee au daiz de leurs Maieſtez, eſtoit eſleué vn grand theatre de ſix pieds de haulteur, de huiét toiſes de largeur, & d'autant de profondeur : en bas eſtoit vne grande nuee qui cachoit toute la ſcene, à fin que les Spectateurs ne viſſent rien iuſques au temps neceſſaire.

Au meſme inſtant que le Roy eſtant aſſis, euſt commandé de cómencer le ballet, peu à peu cette nuee s'entrouurit bas par le mi-

lieu:& de l'ouuerture fortit vne autre nuee
affez petite en fortant de ladite ouuerture,
mais à mefure qu'elle s'aduançoit, elle s'a-
grandiffoit en largeur & haulteur,fans qu'õ
apperceuft qui caufoit ce mouuement , ny
qui la faifoit aduancer dans la falle : & qui
plus eft, fi artificieufement compofee qu'e-
ftant le plus proches de la veuë qu'il fe poú-
uoit , on ne fçauoit encore difcerner de
quelle matiere elle eftoit faicte,& fi c'eftoit
vn vray nuage ou non qui flottaft en ladite
falle. Ce qui rendoit encore la machine
plus rare,eftoit le fieur Bailly qui eftoit def-
fus,reprefentant la nuict, veftu d'vne lame
d'argent , & noir, auec quantité d'eftoilles
d'or femees fur fon habit , ayant des aifles
noires au dos,& vne coiffure faicte en nuage,qui ne luy permettoit de monftrer qu'v-
ne bien petite partie de fon vifage pour rendre la feinte plus agreable. La reputation
dudit fieur Bailly eftant plus grande que les
loüanges que les efcrits luy peuuent donner , c'eft affez de dire , que tous les iours il
caufe des eftõnemens nouueaux à ceux qui
l'entendent , & qu'il le fit particulierement
ce iour-là,chantant les vers qui s'enfuyuent
deuãt leurs Maieftez,addreffez à la Royne,
& faicts par ledit fieur Durand.

O V'A Y I E

QV'A Y-I E *faict contre vos beautez,*
Grand Soleil, qui de tous costez
Me voulez rendre vagabonde,
Pour vous opposer à mon cours,
Et pour empescher que le monde
Ne soulage par moy les trauaux de ses iours?
Aux endroits où vous paroissez,
Mes ombrages sont dispersez,
Et vos beautez me font la guerre:
Comme si leurs charmes vainqueurs
Me vouloient chasser de la terre,
Ainsi qu'ils ont banny la liberté des cœurs.
Pour le moins puisque i'ay laissé
Les lieux où vous auez passé,
Ne poursuiuez plus ma defaicte:
Et me laissez en liberté
Rechercher vne autre retraicte
Chez ceux qui loing de vous sont desja sans clarté.
Mais en vain pense-je arrester
Soubs l'espoir de rien profiter
De ma plainte ou de ma prière:
Car vostre beauté qui me luit,
Changeant mes ombres en lumiere
Me fait perdre moy-mesme & cesser d'estre Nuict.

Ce recit estant acheué, le nuage se perdit
insensiblemét dans le lieu dont il estoit sor-
ty; & lors la premiere nüée estant disparuë,
la scene apparut en rochers, recouuert

B   d'arbrit

d'arbrisseaux, mousse, animaux rampans,
fleurs, & ruisseaux coulans des croupes en
bas, les heurts esclattans d'or & d'argent.
Lesdits rochers auoient chacun quatre toi-
ses de haulteur au moins, & l'artifice y estoit
tel, que les yeux plus recognoissans y estoiét
trompez.

Pour descendre de ladite scene dans la
grande salle y auoit deux descentes desdits
rochers renforcees par dessous de trois
grottes, desquelles sortoient la plus part des
entrees, & dont les bords estoient recou-
uerts de semblables choses que les rochers
cy-dessus. Dedans chacun desdits rochers
& grottes y auoit quãtité de feux non veuz
des Spectateurs qui faisoient voir les heurts
& sallies desdits rochers si claires que lon
doutoit s'ils estoient veuz de iour ou de
nuict.

D'entre lesdits rochers sortirent neuf pe-
tits enfans, representans les Ardents ou va-
peurs nocturnes qui se voyent quelquesfois
dans les champs au milieu de la nuict: chacun desdits enfans portoit quatre gros feux
dessus la teste, deux grands flambeaux aux
mains qui brusloient dés la poignee: de sorte que ledit feu estoit bien deux pieds de
hault, sans pourtãt qu'il iettast aucune estin-
celle

celle,& sans qu'il incommodast aucunemét
ceux qui le portoient:leur habit estoit de satin rouge,recouuert de flamme d'or ,& de
quantité de clinquant d'or à l'amortissemét
des lambrequins. Les pots où estoient lesdits feux estoient dorez,& tandis qu'ils dansoient,il sembloit que ce ne fust pas des enfans , mais des feux seulemét qui changeas-
sent de diuerses places. Ces enfans,ou plu-
stost ces Ardents se retirerent dans les deux
autres qui estoient au dessous de la scene;&
lors du milieu de ladite scene s'esleue vn
grand rocher,sans que lon s'apperceust qui
l'esleuast. Ce rocher estant sorti comme
saillant de la terre estoit de deux thoises de
haulteur , & plus , sur lequel estoient les dix
Sibylles,qui toutes assemblees pour predire
les felicitez du mariage futur venoiét trouuer leurs Maiestez par le commandement
des Dieux.

Ces Sibylles estans descenduës dudit rocher,& de ladite scene dansoient vn grand
Ballet deuant leurs Majestez. Leur coiffure
estoit vne perruque de cheueux retressee
d'vne couronne de l'aurier esleuee en py-
ramide auec d'autres cheueux, gazes,bril-
lants,& miroüers pour representer la clair-
té qu'elles auoient dans les choses futures.

Leur habit estoir vne robbe à l'antique de
satin, couuerte de clinquant d'or auec or-
nemens de lambrequins, campanes, & autres enrichissemés aussi bigearres & agreab-
bles qu'ils estoient de grande valeur. A la
fin de leur Ballet, elles iettoient en l'air des
roulleaux d'imprimerie où estoient les vers
qui suiuent, faicts par le sieur Bordier.

LES SIBYLLES.

AV ROY.

GRAND ROY, l'image des bons Roys,
  Voicy la Bande nompareille,
  De qui la prophetique voix
  Te va descouurir la merueille,
Des secrets que le ciel propice aux fleurs de Lys,
Au sein de l'aduenir tenoit enseuelis.
  Neuf mois ne seront à leur fin,
  Que l'ordre de ta destinée
  Ne donne à la France vn Dauphin,
  Du iour qu'vn fatal Hymenée
Viendra pompeusement à ce prochain Auril,
Accompagner au Loure vn Ange de Madril.
  Venus parée à ce beau iour,
  Ne t'aura point à mains décloses
  Dans la lice d'vn chaste Amour
  Courônne de myrthe & de roses,
Que ton front amoureux des corônnes de Mars,
N'entre dans la carriere où pleuuent les hazars.

LOVYS

13.

LOVYS, c'est là que pour la Foy
    Ton courage armé du tonnerre,
    Qui iamais auec plus d'effroy
    Punit les crimes de la terre,
Iusques dans le Serrail vn monstre poursuiuant
Fera mordre la poudre à l'orgueil du Leuant.

    Ce tonnerre courant par tout
        Rendra la puissance fletrie
        Du grand Démon qui tient debout
        L'Empire de l'idolatrie,
Qui forcené de voir ses Estats dans tes fers,
S'ira precipiter au plus creux des Enfers.

        L'espoir dont il est appuyé,
        C'est vne vaine flatterie,
        Que ton dessein sera noyé
        Par les pleurs d'A N N E & de M A R I E,
Qui pour le diuertir te viendront à tous coups.
Coniurer par les noms & de Fils & d'Espoux.

        Mais ton honneur leur est si cher,
        Que leur Daufin par son bas âge
        Aura peine à les empescher
        De te suiure en ce long voyage,
Par qui tu dois vn iour soubs ton sceptre enfermer
L'Empire de la Terre & celuy de la Mer.

        Des-ja pour vn premier effect,
        L'Afrique t'attend à l'entrée
        D'vn pont que l'Espagne te faict,
        Pour aller foudre en sa contrée:
Et te sçachant issu d'vn Roy si triomphant,
Veut par le bruict du Pere obeïr à l'Enfant.

        Pour la ruine du turban
        Le desespoir sort de l'Auerne,
        La peur assault le mont Liban,

Et morne dedans sa cauerne
L'Eufrate se dispose à voir par ta Valeur
Ses bords changer de maistre, & ses eaux de couleur:
En fin cet appuy des François
Ta Mere par qui tu respires,
Aura l'heur de voir soubs tes Loix
Assuiettir tous les Empires,
Horsmis ceux dont à part se rendront possesseurs,
Et le bras de ton Frere, & les yeux de tes Sœurs.

LES SIBYLLES.

A LA ROYNE.

GRAND *Chef-d'œuure des Cieux, merueille d'He-*
Cher Astre des François, ô diuine MARIE, *[trurie,*
Dont la gloire nous force à te faire la Cour:
Quel heur te promettront nos fideles Oracles,
Qui soit vn iuste prix du moindre des miracles,
Que ton Regne adorable enfante chaque iour?
ROYNE, *dont les efforts contre toute esperance*
Ont releué Iuliers, & soustenu la France,
Tu ioins si bien le Louure auec l'Escurial;
Qu'apres tant de hauts faicts & de paix & de guerre,
Qui font voir à tes pieds tous les Roys de la terre,
C'est peu de t'esleuer vn trosne Imperial.
N'accuse toutesfois la Puissance supréme,
Qui t'a mis sur le front vn double Diadéme,
D'auoir estroittement resserré ton pouuoir:
Il n'est dessoubs les Cieux ny sceptre ny couronne,
Qui par les appareils d'Amour & de Bellonne,
Sur tes cinq Heritiers ne soit preste à pleuuoir.
LOVYS, *dont les vertus portent de claires marques*
Qu'il est le premier fils du premier des Monarques,

Prise

Prise tant les lauriers acquis dans les hazars,
Qu'Hymen l'ayant paré de sa palme Nopciere,
Mars luy fera couurir d'eternelle poussiere
L'orgueil des Ottomans, & le nom des Cesars.
O Roy des fleurs de Lis, miracle de cet âge,
L'angelique Beauté qui luit aux bords du Tage,
Te fait d'impatience & d'amour desseicher:
Mais ta grandeur estant à nulle autre seconde,
Croy qu'elle t'est acquise, & que ton lict est l'onde,
Où ce diuin Soleil doit bien tost se coucher.
Les Hespagnes qui d'Anne empruntent leur lumiere,
Ne verront point descheoir leur splendeur coustumiere,
Bien qu'elle esclaire en France à ce prochain Auril:
Car de peur que la nuict de ses ombres les couure,
Le Ciel veut qu'en eschange vn bel Astre du Louure
Estalle ses rayons dans le Ciel de Madril.
De ces coupples diuins la semence feconde,
Par vn progrés fatal peuplera tout le Monde
De Princes dont le front voisinera les Cieux:
Si bien qu'en chaque Temple on verra ton Image
Receuoir, Grande Reyne, vn legitime hommage,
Tel qui se rend au Ciel à la Mere des Dieux.

Lesdites Sibylles n'eurent point si tost
dansé leur Ballet, que ledit rocher rentra
au lieu dont il estoit sorti, & elles aussi se retirerent dans les antres qui estoient sous ladite scene.

Aussi tost que lesdites Sibylles furent re-
tirees, toute la scene se changea : & lors parut vne grande forest alignee en perspecti-
ue, dont les arbres chargez de leurs fruicts

donnoient vn si grand plaisir, qu'ils faisoient
quasi oublier l'estonnement d'auoir veu vn
changemét si prompt, sans en auoir cogneu
la cause, & sans voir rié de reste du premier
object que la merueille de l'auoir perdu.

Au dessus desdits bois, parut au mesme
temps vne grande nuee reculee de toutes
machines, & portee en l'air, sans que l'on
veist qui la soustenoit; dans le milieu de laquelle estoit l'Aurore vestuë de lame d'argent recouuerte de fleurs d'or & de soye, &
si fort esclatante à cause des flambeaux voi-
sins qu'elle n'auoit rien de dissemblable à
l'Aurore iournaliere que d'estre plus pro-
che de la veuë. Ceste Aurore semoit des
fleurs sur la scene, & estoit suyuie d'vn
grand chariot flamboyant, & doré, auec les
roües tournantes d'vn mouuement esgal &
continuel; dans lequel estoit le Sr. Robert,
qui trauersant toute la scene en representant le Soleil, chantoit les vers qui suyuent,
faicts par ledit Durante.

A La fin ie voy les beaux yeux,
Qui iusqu'à nous viennent faire la guerre,
Et cognois que la terre.
Possede son Soleil aussi bien que les Cieux.
Depuis les Empires flottans,
Où tout lassé ma carriere i'acheue,

Depuis les Empires flottans
Où tout lassé ma carriere s'acheue,
Iusques où ie me leue,
Le seul nom de M A R I E *est la voix que i'entens.*
Mais bien qu'au langage de tous
Rien ne se puisse égaller à sa gloire,
Ie suis forcé de croire,
Que tout le monde en est ignorant ou ialoux.
Car en approchant de sa Cour,
Ie ne sçay plus si ma flamme feconde
Donne le iour au monde,
Ou si sa beauté seule est cause de mon iour.
Mes feux, cachez-vous auiourd'huy:
Plus vous voulez à son œil apparoistre,
Plus vous faictes cognoistre
De combien les Destins m'ont fait moindre que luy.

Icy commence le triomphe de Minerue,
qui, comme dit est, estoit le subject du Balet.
Car du milieu de ces bois sortit vne fille, vestuë à l'antique Africaine, ayant vn luth à la
main; Ceste fille representoit l'vne des Ma-
chlyennes, ou Auses, nation autrefois ha-
bitante au long du marais de Triton, où
tous les Poëtes demeurent d'accord que
Minerue est premierement apparuë, & que
mesme elle a esté nourrie par les filles dudit marais. Ceste fille donc chantoit deuant
ses compagnes les vers qui suyuent, encore
faicts par ledit sieur Durand.

C   Allons

ALLONS, n'attendôs plus, mettons-nous au seruage
D'vn Monarque si doux,
De peur que l'Vniuers ne prenne l'auantage
De venir adorer sa Valeur deuant nous.
Puissant ROY, nous quittons le marais Tritonique:
Car Minerue en naissant
Nous promit de sortir des deserts de l'Afrique,
Lors que vous seriez prest d'en chasser le Croissant,
Elle n'y paroist plus, & des-ja la victoire
Dans les champs Ausiens
Esleuant des autels sacrez à vostre gloire
Fait craindre à l'Otoman la deffaicte des siens,
Et puis l'Iberien qui borne nos riuages
Estant ioint à vos Loix,
C'est asseurer qu'il faut reduire en deux partages,
Ce que les premiers Dieux diuiserent en trois.
Sachāt doncques, Grād ROY, qu'aux endroits où vo⁹ estes,
Se trouue la bonté,
Et qu'il nous faut tousiours deuenir vos sujectes,
Nous deuançons l'effort par nostre volonté.
Nous venons pour trouuer le bien que nous reserue
L'ordonnance des Cieux,
Ee nous donner à vous, attendant que Minerue
Triomphe d'vn Heros qu'elle a pris par les yeux.
Bref nous venons pour voir triompher auec elle
La Prudence d'autruy,
Et la Seine & le Tage oublier leur querelle
Pour forcer l'Vniuers à chercher leur appuy.

Apres son recit elle se retira, & lors en-
trerent neuf autres de ses compagnes, ve-
stues, comme dit est, à l'antique Africaine,
mais fort court pour ne point nuire à la
danse.

danſe. Leur habit eſtoit partie ſatin rouge,
partie de bleu chamarré, & quaſi couuert
de paſſement d'or : elles auoyent chacune
vne maſſe d'or à la main, & pour coiffure
vne eſpece de bourguignote, coupee au
iour, renfoncee de lamettes d'argent, & incarnat, & releuee en haut d'vne touffe de
plumes, qui donnoient vne grande grace à
celles qui les portoient, & qui ainſi veſtuës
danſoient vn autre grand Ballet deuãt leurs
Majeſtez, auec leſdites maſſes à la main, &
repreſentant les ſacrifices que leſdits Ma-.
chlyes ou Auſes faiſoient annuellement à
Minerue, auſquels la plus bleſſee ſans mourir eſtoit conduite en triomphe par toutes
les autres. Ainſi ces filles finiſſans leur Ballet
elles ſe retirerent encores dans leſdits antres
au deſſous de la ſcene:& ſur ladite ſcene parut au meſme temps vn berger, qui eſtoit
le ſieur Marais, homme d'armes de la com-
pagnie de Monſieur le Grand, lequel comme remenant ſes troupeaux en l'eſtable au
couchant du Soleil ſortir des bois en chan-
tant, & alla iuſques deuant leurs Majeſtez
touſiours recitant les vers qui ſuiuent, faicts
par le ſieur Malherbe.

C 2

HOVLET

Mais quoy qu'on nous figure, & qu'on nous face craindre,
Elize est-elle à la plaindre
D'vn bien que tous nos vœux luy doiuent souhaitter?
  Le ieune Demy-dieu qui pour elle souspire,
De la fin du Couchant termine son Empire
A la source du Iour:
Elle va dans ses bras prendre part à sa gloire:
Quelle malice noire
Peut sans aueuglement condamner leur amour?
  Il est vray qu'ell' est sage, il est vray qu'ell' est belle,
Et nostre affection pour autre que pour elle
Ne peut mieux s'employer:
Aussi la nommons-nous la Pallas de cest âge:
Mais que ne dit le Tâge
De celle qu'en sa place il nous doit enuoyer?
  Dessillez-vous les yeux, vous qui de cest eschange,
Où se prend & se baille vn Ange pour vn Ange,
Parlez prophanément:
Nostre grande Bergere a Pan qui la conseille:
Seroit-ce pas merueille
Qu'vn dessein qu'ell' eust fait n'eust bon euenement?
  C'est en l'assemblement de ces couples celestes
Que si nos maux passez ont laissé quelques restes
Ils vont du tout finir:
Mopse qui nous l'asseure a le don de predire:
Et les chesnes d'Epire
Sçauent moins qu'il ne sçait les choses à venir.
  Vn siecle renaistra comblé d'heur & de ioye,
Où le nombre des ans sera la seule voye
D'arriuer au trespas:
Tout y sera sans fiel comme au temps de nos peres:
Et mesmes les viperes
Y piqueront sans nuire, ou ne piqueront pas.

La terre en tous endroits produira toutes choses:
Tous metaux seront or, toutes fleurs seront roses,
Tous arbres oliuiers:
L'an n'aura plus d'hyuer, le Iour n'aura plus d'ombre:
Et les perles sans nombre.
Germeront dans la Seine au milieu des grauiers.
　　Dieu qui de vos arrests formez nos destinees,
Donnez vn dernier terme à ces grans Hymenees:
C'est trop les differer.
L'Europe les demande:accordez sa requeste
Qui verra cette feste
Pour mourir satisfaict n'aura que desirer.

A la fin de son recit sortit des mesmes bois vne musique de Musettes, tous les Musiciens vestus en Bergers, & ioüans vn air rustique ; sur lequel le sieur Marais estant esmeu, & quittant son luct & son mouton, se meit à danser : & apres luy, vint vne autre trouppe de neuf bergers, qui ioincts auec luy danserent vn grand Ballet deuant leurs Majestez. Leurs habits estoient de satin blãc recouuert de bouquets de broderie d'or, autant plein que vuide, & leur troupe choisie entre les meilleurs danseurs de toute la France, pour donner plus de plaisir à leurs Majestez.

Ce Ballet finy, la machine changea toute, & ce qui estoit bois auparauant deuint rochers; mais d'autre sorte que les premiers: car ceux-cy n'aboutissoient qu'en branches

corail, escailles, mousses noirastres, & mari-
times;& bref representans des escueilz bat-
tus des vagues qui sembloient flotter au
fonds de la scene changee en mer, aussi tost
que le bois en rochers ; laissant vn desplai-
sir à tous les Spectateurs d'estre si facile-
ment trompez lors qu'ils prenoient plus de
garde à ne l'estre point.

Dans la mer passoit vne musique de Tri-
tons qui sonnoit vn air sur des haut bois, &
apres eux venoit encore en ladite mer la
musique de la chambre du Roy, vestuë en
Tritonides, la teste, les espaules, & les han-
ches, recouuerte de rozeaux artificiels d'or
de soye,& le reste de l'habit de satin recouuert de clinquant d'or. Ceste musique sor-
toit peu à peu de la dite mer,& venoit chanter sur la scene les vers qui suyuent, aussi
faicts par le Sieur Durand.

C'E s t *trop courir les eaux,*
Sortons de ces roseaux,
Et cherchons desormais Pallas en ces beaux lieux,
Puisque entre les Vertus on doit chercher les Dieux.
  Voicy les bois sacrez
  Tant de fois desirez,
Et ces Astres diuins brillans sur cette Cour,
Tesmoignent que nostre heur doit estre en ce sejour.
  Allons donc, approchons
  Les yeux que nous cherchons:

Tant plus nous differons d'aborder leur beautez
Tant plus nous tesmoignons d'ignorer leurs bontez.
  Grands Soleils des François,
  Dont les prudentes Loix
Font respirer les cœurs soûs vn regne si doux,
Dittes-nous si Minerue est point aupres de vous.
  Vous auez le pouuoir
  De nous la faire voir,
Et trouuant la Valeur & la prudence icy,
Auec grande raison nous l'y cherchons aussi.

Comme lesdits vers furent acheuez de chanter, le Ciel qui couuroit ladite scene, s'ouurit en deux, & là dedans parut la musique de la Chapelle du Roy, composée de trente Musiciens, tous suspendus dans ledit Ciel, sans que lon veist qui les soustenoit : & ceste musique auec celle de la Chambre chantoit le Dialogue qui suit, faict par ledit sieur Durand.

NYMPHES

La Chapelle,

NYMPHES *des eaux, arrestez-vous :*
Demeurez, belles Tritonides :
Vous n'auez plus besoin de guides,
Minerue vient auecques nous.

La Chambre.

Esprits, ou Dieux, puis qu'il vous plaist
Nous apporter ceste nouuelle
Du retour de nostre Immortelle,
Dittes nous en quel lieu ell' est.

La Chappelle.

Desia ses Nymphes la pressant
Dans son Char sont toutes entrées ?

La Chambre.

Viendra-elle voir ces contrées ?

La Chapelle.

C'est pour cela qu'elle descend.

La Chambre.

Quelle est la cause de ce bien ?

La Chapelle.

Vn triomphe qu'elle y veut faire.

La Chambre.

Quel païs est son tributaire ?

La Chapelle.

L'Indois auec l'Iberien.

La Chambre.

Comment a-elle en son pouuoir

D   Ces

Ces lieux qui n'ont point veu ses armes?

La Chapelle.

Le Prince estant pris par les charmes,
Les lieux cedent par le deuoir.

La Chambre.

Amour donc a blessé son cœur.

La Chapelle.

Le Ciel a permis ceste guerre,
Pour partager toute la terre
Entre son Frere & son Vainqueur.
La voicy, ne l'attendez plus:
Commencez seulement à croire
Qu'où l'Amour cherche la victoire,
Tous les combats sont superflus.

Ladite musique representoit les esprits
ou Démons Aëriens, qui venoient annon-
cer la venuë de Minerue, & estoit vestuë
d'incarnat, recouuert de flammes d'or & de
miroirs, & brillans d'or pour rendre plus
d'esclat dans le Ciel, auec vne grandé coiffure de bouquetterie fort esclattante & de
bigearre inuention pour paroistre estant
eslongnee. Ce grand corps de musique ayãt
quelque temps chanté, la scene se changea
de nouueau, & tant au fonds qu'aux costez
deuint toute nuée : du fonds de laquelle
sortit vn grand chariot enrichy de sculptu-
res

res & mousleures d'or de plus rare artifice
que l'aage ait peu produire ; le dedãs estoit
recouuert dé drap d'or brodé par les amor-
tissemens, enrichy de campanes & bouque-
terie necessaire ; aux deux extremitez du
deuant estoient deux lances esleuecs, dont
chacune portoit vne sallade & vn escu où la
Gorgonne estoit moulée, & le tout doré
d'or moullu : ledit chariot trainé par deux
Amours, dont l'vn representant l'Amour
chaste, n'estoit point bandé, & tenoit vn arc
& vne flesche doree auec les mains libres:
& l'autre representãt l'Amour voluptueux,
estoit bandé, les mains liées au dos, comme
captif, & tout le corps couuert de flammes
comme esteintes. Lesdits Amours estans dedans lesdites nuées sembloient voler, & trai-
ner le chariot en volant. Dans ce chariot
estoit Madame de France, & quatorze autres Dames de sa suitte, en cet ordre : Six
Damoiselles ; sçauoir, Mesdamoiselles de
Lomenie, de Crecia, de Verderonne, de
Neufuille, de Vitry Blanc, & d'Vrfé : Quatre Dames ; sçauoir, Madame de Pisieux, la
Comtesse de la Rochefoucault, la Marquise
de Sablé, & la Duchesse de Montmorancy ;
Quatre Princesses : sçauoir, Mesdamoiselles
de Verneuil, de Vendosme, de Montpen-

fier, & de Soiſſons : & Meſdames de France;
ſçauoir, Madame Chreſtienne, & Madame
ſœur aiſnée de ſa Majeſté, laquelle repre-
ſentoit ladite Minerue, & paroiſſoit ſeule à
l'extremité dudit chariot, comme celle à
qui tout le Ballet ſe rapportoit. Le chariot
s'auança iuſques au dedans de ladite ſcene,
où il s'arreſta, au ſon d'vne muſique de luts
conduitte par le Sr. Ballart, & veſtuë en
Amazones, auec cuiraſſes, muſles, caſques &
bottines à l'antique : les lambrequins pen-
dans des muſles & des amortiſſemens des
cuiraſſes de bandes d'incarnat, chamarrees
d'or, & les ſayes de deſſous de ſatin verd,
auſſi chamarré d'or : des caſques pendoient
de grãdes plumes d'Autruche auec friſons,
& des bottines de touffes de gaze, qui ſer-
uoient à l'embelliſſement de l'armure.

A meſure que ledit chariot s'auançoit,
deſcendoiét du ciel deux groſſes nuées; ſçauoir, vne à chaſque coſté dudit chariot, dãs
leſquelles eſtoient la Victoire & la Renom-
mée, qui deſcendant de l'air apportoient
des coronnes à Minerue, & apres ſe joi-
gnoient à tous les autres Muſiciens pour
chanter auec eux.

Au ſon deſdites muſiques Madame & ſa
troupe deſcendit dudit chariot, & s'eſtant

appro

approchée des degrez de ladite scene, les
musiques cesserent pour laisser iouër aux
violons l'air du grand Ballet, sur lesquels
Madame descendit, & dansa ledict grand
Ballet sur cinq airs differens, & chacun di-
uersifiez de differétes figures. Mais comme
ledit Ballet fut au sixiesme air, alors tous les
luts, les voix & les violons le iouërent ensemble; les voix chanterent les vers qui suyuent, encores faits par ledit Durand.

F V y e z, *Amans, loin de ces lieux:*
   Minerue ne descend des Cieux
     Que pour eslongner de la Cour
     Les autels sacrez à l'Amour.
   Tant de pleurs, & tant de tourment
     Luy font cognoistre euidemment,
     Qu'vn feu qu'vn aueugle conduit
     Brusle tousiours plus qu'il ne luit.
   C'est pour cela que de ce lieu
     Elles veulent bannir te Dieu,
     Comme vn ieune enfant sans raison
     Qui met le feu dans sa maison.
   Mais quelque mal qu'il ait commis,
     Cette belle encore a permis
     Qu'il pourroit sortant de ces lieux
     Se retirer dedans ses yeux.
   Desia ses feux y sont enclos,

Et n'à que des aisles au dos
Pour luy seruir à s'enuoller
Des endroits qu'il souloit brusler.
Asseurez - vous donc desormais,
Si son traict vous blesse iamais,
Qu'il faudra qu'il l'ait emprunté
De ses yeux qui l'ont surmonté.

Et sembloit que tout le Ciel fust ouuert pour faire des chants d'allegresse en ceste action, qui se peut dire n'auoir point eu de compagne en somptuosité : car lors que ledit sixiesme air se chantoit, il y auoit quarante masques, richement parez sur la scene, trente dans le ciel, six suspendus en l'air, tout le milieu de la salle remply dudit Ballet de Dames : tout se voyoit d'vne veuë, & tout dansoit ou chantoit en vn temps.

Les habits de ces Dames estoiết si chargez de pierreries, que les estrangers creurent qu'il n'y en auoit plus de reste en leur païs, ou que la France seule en auoit plus que tout le monde ensemble. Le fonds de l'habit estoit de satin blanc, brodé d'or & de perles, coupé à iour aux endroits où pouuoit rester du satin : & tout estoit doublé d'vne toille d'argent encores brodée :

Leurs

Leurs Majeftez n'ayans cherché d'autre
efpargne que du temps qui les preffoit : &
defirans monftrer que la France voulant
paroiftre ne pouuoit eftre imitée d'aucune autre nation.

F I N.